" LA PETITE RÉPUBLIQUE

LOI DU 9 AVRIL 1898

SUR LES

ACCIDENTS DU TRAVAIL

Expliquée et commentée par le Citoyen

AIMÉ LAVY

ANCIEN DÉPUTÉ, MEMBRE DE LA COMMISSION DU TRAVAIL

Cette brochure ne doit pas être vendue.

Prière de la faire circuler.

" LA PETITE RÉPUBLIQUE "

111, RUE RÉAUMUR

PARIS

NOS MEDAILLONS

PRIME A TOUS NOS LECTEURS

Notre vaillant ami Eugène Baudin, ancien député du Cher, obligé, comme on le sait, d'abandonner momentanément, pour raison de santé, la politique militante, s'est installé à Saint-Briac, en Ille-et-Vilaine.

Là, il a repris son ancien métier de faïencier d'art et fait des œuvres charmantes que se disputent les amateurs.

Nous avons demandé à Baudin d'exécuter en faïence les médaillons de tous les militants socialistes connus.

Il s'est mis à l'œuvre, et nous pouvons aujourd'hui mettre à la disposition de nos amis les médaillons des citoyens :

JEAN JAURÈS

GÉRAULT-RICHARD

JULES GUESDE

EDOUARD VAILLANT

Ces médaillons sont modelés par le sculpteur Théophile Camel, un artiste de grand talent, et Baudin les a reproduits avec des émaux d'une admirable chaleur de coloris.

Emaillés en vert clair, nos médaillons, véritables œuvres d'art, sont présentés avec beaucoup de goût, sur un large panneau de velours rouge ou vert foncé au choix, préparé pour servir d'applique murale et former ainsi un bel ornement d'intérieur.

Leur hauteur est d'environ 15 centimètres, celle du panneau de 25 centimètres.

Nous ferons parvenir les médaillons de Jaurès, Gérault-Richard, Guesde et Vaillant à **tous ceux de nos lecteurs qui en feront la demande au prix** exceptionnellement réduit de **3 fr.** chacun, franco de port et d'emballage et de **2 francs** pris dans nos bureaux.

Nous serons prochainement en mesure de procurer à nos amis, dans les mêmes conditions avantageuses, les médaillons de tous les militants socialistes connus, qui formeront ainsi une galerie d'art absolument unique.

AVIS IMPORTANT

Nous croyons devoir faire remarquer à nos lecteurs qu'ils ont avantage à nous commander plusieurs médaillons à la fois, car pour deux, trois ou quatre médaillons, **les frais de port et d'emballage n'augmentent pas. Ils restent fixés à 1 franc.**

Les acheteurs bénéficient donc d'une réduction d'autant plus forte qu'ils commandent plus de médaillons à la fois.

LOI DU 9 AVRIL 1898

SUR LES

ACCIDENTS DU TRAVAIL

Expliquée et commentée par le Citoyen

AIMÉ LAVY

ANCIEN DÉPUTÉ, MEMBRE DE LA COMMISSION DU TRAVAIL

Cette brochure ne doit pas être vendue.

Prière de la faire circuler.

" LA PETITE RÉPUBLIQUE "

111, RUE RÉAUMUR

PARIS

AVANT-PROPOS

La *Petite République*, fidèle à sa mission d'organe
du Parti Socialiste, a, la première, éveillé l'attention
du prolétariat sur la campagne d'abord dissimulée,
puis éclatante, du patronat contre la loi sur les accidents du travail.

Pendant un an, des agents patronaux ont propagé
parmi les ouvriers cette thèse du tout ou rien
destinée à les endormir : « Les avantages de la loi
« sont si maigres, qu'ils ne sauraient en compenser
« les inconvénients. Les travailleurs ne doivent avoir
« que du mépris pour cet attrape-nigauds monté par
« les socialistes parlementaires... »

Profitant de cette diversion, les Syndicats et les
Chambres syndicales de patrons, les Chambres de
commerce, tous les organes de la classe exploiteuse
agissaient auprès des pouvoirs publics afin de retarder
la mise en vigueur de la loi.

Enfin, dès la rentrée du Parlement, plusieurs députés
réactionnaires et capitalistes avérés, comme M. Pli-
chon, gros actionnaire des mines du Pas-de-Calais et
du Nord, militaristes et hypocritement anti-socialistes

comme MM. Gauthier de Clagny et Stanislas Ferrand, montaient à la tribune et demandaient à la Chambre de reculer l'application de la loi jusqu'au 1er janvier 1900. D'ici là, ces ennemis de la classe ouvrière espéraient bien arracher à la faiblesse de la majorité ministérielle de nouveaux atermoiements, sinon l'abrogation pure et simple.

Le gouvernement, intimidé par l'attitude énergique des députés socialistes et de la presse franchement démocratique, recula devant cette œuvre de réaction qui eût été un véritable coup d'État patronal. Il déclara que la loi recevrait son application à la date fixée. c'est-à-dire au 1er juin, mais il promit d'y apporter tous les ménagements possibles.

Les patrons ne se tinrent pas pour satisfaits. Sur divers points du territoire ils organisèrent l'agitation: leurs groupements votèrent et votent encore presque journellement des ordres du jour hostiles à la loi. Leurs journaux les secondent de tous leurs mensonges; parmi ceux-là, la *Libre Parole* s'est distinguée en prédisant que la loi amènerait l'anéantissement du petit patronat, des Compagnies d'assurance et des ouvriers, car ceux-ci, par cupidité et par fainéantise sans doute, se feraient blesser exprès afin de toucher l'indemnité.

L'*Intransigeant* se montre plus lâche. Il se garde d'intervenir dans le débat. Ouvrez la collection de ce journal depuis l'ouverture de la campagne, vous n'y trouverez pas un mot en faveur des ouvriers. M. Rochefort, tout entier au service des faussaires de l'Etat-Major, n'a pas le temps de s'occuper des lois qui as-

surent aux femmes et aux enfants des travailleurs tués
ou blessés, les moyens de ne pas mourir de faim. Son
patriotisme consiste à livrer la France aux généraux
des jésuites, il ne va pas jusqu'à défendre le pain de
ceux qui créent les richesses de la France. Il est resté
le même homme prudent et cupide, qui, en 1870, en-
voyait les Parisiens se faire tuer aux avant-postes, pendant que lui et Trochu se chauffaient tranquillement
au coin des cheminées de l'Hôtel de Ville, moyennant la respectable somme de 10.000 francs par mois.

Mais si M. Rochefort et son journal s'abstiennent, il
n'en est pas de même des députés à l'élection desquels ils ont contribué. Tous les patriotards, nationa-
listes, antisémites, les Gauthier de Clagny, les
Stanislas Ferrand, les Georges Berry, combattent ou-
vertement la loi.

Il importe donc que les travailleurs la défendent.
A l'agitation patronale, ils doivent opposer l'agitation ouvrière. C'est pour les aider dans cette œuvre
que la *Petite République* met à leur disposition le
texte de la loi expliqué et commenté par le citoyen
Aimé Lavy qui prit une part active à son élaboration
et à son adoption par la Chambre, en sa qualité de
membre de la Commission du Travail.

De l'attitude du prolétariat dépend le sort de la loi.
Il est hors de doute que l'audace des patrons et de leurs
représentants au Parlement leur vient de l'apathie des
organisations ouvrières qui n'ont pas jugé utile de
s'intéresser à une réforme que les apôtres du tout
ou rien, adversaires de l'action politique, traitaient
avec un dédain systématique.

Les travailleurs se sont laissé prendre à cette **double** manœuvre. Ils se sont réveillés trop tard. Déjà **les** Gauthier de Clagny, les Ribot, les Stanislas Ferrand, les Drumont ont obtenu l'ajournement de la loi jusqu'au 1er juillet. D'autres succès les attendent qui seront de cruelles défaites pour le prolétariat si les militants des syndicats et des groupes ne redoublent **pas** d'énergie et de vigilance...

GÉRAULT-RICHARD.

LOI DU 9 AVRIL 1898

SUR LES

ACCIDENTS DU TRAVAIL

Après l'avoir attendue dix-neuf ans, les travailleurs vont enfin avoir à leur disposition, le 1er juillet, cette loi sur les accidents du travail.

Des critiques lui sont adressées ; elle n'est certes point parfaite ; mais le principal est, pour les ouvriers, qu'on n'en retarde pas la mise en œuvre. Pour eux, pour les initier aux divers avantages qu'ils en peuvent tirer, nous allons la suivre et la commenter article par article. Voilà l'essentielle besogne d'aujourd'hui.

Demain, ils la verront fonctionner ; ils en saisiront sur le vif tous les défauts et plus sûrement qu'à l'heure actuelle ils pourront en réclamer les modifications nécessaires.

TITRE PREMIER

Indemnités en cas d'accidents.

ARTICLE PREMIER. — Les accidents survenus par le fait du travail, ou à l'occasion du travail, aux ouvriers et employés occupés dans l'industrie du bâtiment, les usines, manufactures, chantiers, les entreprises de transport par terre et eau, de chargement et de déchargement, les magasins publics, mines, minières, carrières, et, en outre, dans toute exploitation ou partie d'exploitation dans laquelle sont mises en œuvre des matières explosives, ou dans laquelle il est fait usage d'une machine mue par une force autre que celle de l'homme ou des animaux, donnent droit, au profit de la victime ou de ses représentants, à une indemnité à la charge du chef d'entreprise, à la condition que l'interruption de travail ait duré plus de quatre jours.

Les ouvriers qui travaillent seuls d'ordinaire ne pourront être assujettis à la présente loi par le fait de la collaboration accidentelle d'un ou de plusieurs de leurs camarades.

Cet article ne vise pas les ouvriers agricoles ; ceux-ci ne peuvent donc obtenir réparation d'un accident qu'en ayant recours à la juridiction ordinaire en vertu des articles 1382 et 1383 du Code civil.

Les délégués mineurs, s'ils sont occupés dans la mine, bénéficient naturellement de la loi nouvelle ; mais, s'ils n'y travaillent plus et qu'un accident les y frappe, vont-ils être considérés comme compris dans l'énumération de l'article 1er ? Oui, semble-t-il ; mais une déclaration de M. Thévenet, rapporteur au Sénat, peut être produite contre eux et faire jurisprudence. M. Thévenet a fait connaître que le Gouvernement considérait l'article 1er comme inapplicable aux délégués mineurs, mais qu'il songeait à prévoir leur cas dans la loi sur les Caisses de secours.

Tout ouvrier qui donne accidentellement un coup

de main à un patron ayant l'habitude de travailler seul ne peut se prévaloir des dispositions de la loi nouvelle.

ART. 2. — Les ouvriers et employés désignés à l'article précédent ne peuvent se prévaloir, à raison des accidents dont ils sont victimes dans leur travail, d'aucunes dispositions autres que celles de la présente loi.

Ceux dont le salaire annuel dépasse 2.400 francs ne bénéficient de ces dispositions que jusqu'à concurrence de cette somme. Pour le surplus, ils n'ont droit qu'au quart des rentes ou indemnités stipulées à l'article 3, à moins de conventions contraires quant au chiffre de la quotité.

L'ouvrier ne peut donc, au cas où le ministère public poursuivrait le patron en vertu des articles 419 et 420 du Code pénal, intervenir et greffer sur l'action publique son action personnelle; il doit suivre les règles qui vont être tracées au cours de la présente loi.

Le deuxième paragraphe ne peut trouver son explication qu'après l'article suivant :

ART. 3. — Dans les cas prévus à l'article 1er, l'ouvrier ou employé a droit :

Pour l'incapacité absolue et permanente, à une rente égale aux deux tiers de son salaire annuel ;

Pour l'incapacité partielle et permanente, à une rente égale à la moitié de la réduction que l'accident aura fait subir au salaire;

Pour l'incapacité temporaire, à une indemnité journalière égale à la moitié du salaire touché au moment de l'accident, si l'incapacité de travail a duré plus de quatre jours et à partir du cinquième jour.

Lorsque l'accident est suivi de mort, une pension est servie aux personnes ci-après désignées, à partir du décès, dans les conditions suivantes :

a) Une rente viagère égale à 20 0/0 du salaire annuel de la victime pour le conjoint survivant non divorcé ou séparé de corps, à la condition que le mariage ait été contracté antérieurement à l'accident.

En cas de nouveau mariage, le conjoint cesse d'avoir droit à la rente mentionnée ci-dessus : il lui sera alloué dans ce cas, le triple de cette rente à titre d'indemnité totale.

b) Pour les enfants, légitimes ou naturels, reconnus avant l'accident, orphelins de père ou de mère, âgé de moins de seize ans, une rente calculée sur le salaire annuel de la victime à raison de 15 0/0 de ce salaire s'il n'y a qu'un enfant, de 25 0/0 s'il y en a deux, de 35 0/0 s'il y en a trois, et de 40 0/0 s'il y en a quatre ou un plus grand nombre.

Pour les enfants orphelins de père et de mère, la rente est portée pour chacun d'eux à 20 0/0 du salaire.

L'ensemble de ces rentes ne peut, dans le premier cas, dépasser 40 0/0 du salaire, ni 60 0/0 dans le second.

c) Si la victime n'a ni conjoint ni enfant dans les termes des paragraphes *a* et *b*, chacun des ascendants qui était à sa charge recevra une rente viagère pour les ascendants et payable jusqu'à seize ans pour les descendants. Cette rente sera égale à 10 0/0 du salaire annuel de la victime, sans que le montant total des rentes allouées puisse dépasser 30 0/0.

.Chacune des rentes prévues par le paragraphe *c* est, le cas échéant, réduite proportionnellement.

Les rentes constituées en vertu de la présente loi sont payables par trimestre, elles sont incessibles et insaisissables.

Les ouvriers étrangers, victimes d'accidents, qui cesseront de résider sur le territoire français, recevront pour toute indemnité un capital égal à trois fois la rente qui leur avait été allouée.

Les représentants d'un ouvrier étranger ne recevront aucune indemnité si, au moment de l'accident, ils ne résident pas sur le territoire français.

Le texte de cet article précise les réparations dues à la victime d'accident. Toutefois, il est un point délicat à la solution duquel l'ouvrier devra veiller avec soin par les constatations médicales et le choix habile de son défenseur, c'est la détermination de l'incapacité absolue ou partielle.

Un autre point moins important et qui soulèvera moins de litiges est celui relatif à la réduction de salaire provoqué par l'incapacité partielle et permanente. Si l'ouvrier a repris le travail au moment de la décision judiciaire, le règlement sera facile, puisqu'il se basera sur le salaire actuel; s'il est encore en chômage, il devra bien prendre garde à la décision à intervenir.

Le premier paragraphe se comprend aisément. Pour l'incapacité partielle et permanente, le travailleur qui avait par exemple un salaire de 5 francs et qui, l'accident survenu, ne peut plus gagner que 2 fr , d'où une perte de 3 fr., recevra du patron, chez lequel il a été blessé, la moitié de cette dernière somme, c'est-à-dire 1 fr. 50 par jour.

En cas de mort, le paiement de la rente part du jour du décès; mais en cas d'incapacité absolue ou partielle permanente, la rente, d'après une déclaration de M. Louis Ricard, ne serait due que du jour de la constatation judiciaire du caractère de l'accident, c'est-à-dire de la décision de justice. Jusque-là l'ouvrier ne touchera que l'indemnité temporaire.

Les rentes portées aux paragraphes *a* et *b* au profit de la veuve et des enfants de l'ouvrier décédé se cumulent. Le ménage privé de l'un des époux peut donc arriver à recevoir 60 0/0 du salaire qu'il touchait.

Le même total de rente peut être perçu au profit d'orphelins pourvu qu'ils soient au nombre de trois au moins.

La rente est viagère pour les conjoints et ascendants; pour les enfants, elle ne leur est attribuée que jusqu'à l'âge de seize ans; cet âge atteint, ils ne la touchent plus.

Art. 4. — Le chef d'entreprise supporte en outre les frais médicaux et pharmaceutiques et les frais funéraires. Ces derniers sont évalués à la somme de 100 francs au maximum.

Quant aux frais médicaux et pharmaceutiques, si la victime a fait choix elle-même de son médecin, le chef d'entreprise ne peut être tenu que jusqu'à concurrence de la somme fixée par le juge de paix du canton, conformément aux tarifs adoptés dans chaque département pour l'assistance médicale gratuite.

Art. 5. — Les chefs d'entreprise peuvent se décharger, pendant les trente, soixante ou quatre-vingt-dix premiers jours à partir de l'accident, de l'obligation de payer aux victimes les frais de maladie et l'indemnité temporaire, ou une partie seulement de cette indemnité, comme il est spécifié ci-après, s'ils justifient:

1° Qu'ils ont affilié leurs ouvriers à des Sociétés de secours mutuels et pris à leur charge une quote-part de la

cotisation qui aura été déterminée d'un commun accord
et en se conformant aux statuts-types approuvés par le
ministre compétent, mais qui ne devra pas être inférieure
au tiers de cette cotisation;

2° Que ces Sociétés assurent à leurs membres, en cas de
blessures, pendant trente, soixante ou quatre-vingt-dix
jours, les soins médicaux et pharmaceutiques et une indemnité journalière.

Si l'indemnité journalière servie par la Société est inférieure à la moitié du salaire quotidien de la victime, le
chef d'entreprise est tenu de lui verser la différence.

D'après l'article 2, l'ouvrier ne peut déroger aux
dispositions de la loi; l'article 5 permet au patron
d'y déroger. Cependant, l'ouvrier reçoit toujours l'indemnité temporaire égale à la moitié de son gain,
sans préjudice des frais de maladie.

Art. 6. — Les exploitants de mines, minières et carrières peuvent se décharger des frais et indemnités mention-
nés à l'article précédent, moyennant une subvention
annuelle versée aux Caisses ou Sociétés de secours constituées dans ces entreprises, en vertu de la loi du 29 juin
1894.

Le montant et les conditions de cette subvention devront
être acceptés par la Société et approuvés par le ministre
des travaux publics.

Ces deux dispositions seront applicables à tous autres
chefs d'industrie qui auront créé en faveur de leur ouvriers des caisses particulières de secours en conformité
du titre III de la loi du 29 juin 1894. L'approbation prévue
ci-dessus sera, en ce qui les concerne, donnée par le ministre du commerce et de l'industrie.

Art. 7. — Indépendamment de l'action résultant de la

présente loi, la victime ou ses représentants conservent, contre les auteurs de l'accident autres que le patron ou ses ouvriers et préposés, le droit de réclamer la réparation du préjudice causé, conformément aux règles du droit commun.

L'indemnité qui leur sera allouée exonérera, à due concurrence, le chef d'entreprise des obligations mises à sa charge.

Cette action contre les tiers responsables pourra même être exercée par le chef d'entreprise, à ses risques et périls, aux lieu et place de la victime ou de ses ayants droit, si ceux-ci négligent d'en faire usage.

La victime ou ses représentants ne sont pas tenus à exercer l'action qui leur est ouverte par l'article 7 ; on ne voit guère même l'avantage qu'ils y pourraient trouver, à moins qu'ils ne rencontrent chez l'auteur de l'accident une solvabilité qui ferait défaut au patron. Celui-ci, au contraire, a toujours intérêt à poursuivre l'auteur de l'accident.

ART. 8. — Le salaire qui servira de base à la fixation de l'indemnité allouée à l'ouvrier âgé de moins de seize ans ou à l'apprenti victime d'un accident ne sera pas inférieur au salaire le plus bas des ouvriers valides de la même catégorie occupés dans l'entreprise.

Toutefois, dans le cas d'incapacité temporaire, l'indemnité de l'ouvrier âgé de moins de seize ans ne pourra pas dépasser le montant de son salaire.

L'indemnité allouée en vertu de cet article pourra dépasser le salaire ; mais il n'y a rien d'extraordinaire à cela. Le ministre du commerce a fait justement observer que le jeune ouvrier peut être obligé par l'accident à changer de profession; il perd ainsi tout le fruit de l'apprentissage commencé.

Art. 9. — Lors du règlement définitif de la rente viagère, après le délai de revision prévu à l'article 19, la victime peut demander que le quart au plus du capital nécessaire à l'établissement de cette rente, calculé d'après les tarifs dressés pour les victimes d'accidents par la Caisse des retraites pour la vieillesse, lui soit attribué en espèces.

Elle peut aussi demander que ce capital, ou ce capital réduit du quart au plus, comme il vient d'être dit, serve à constituer sur sa tête une rente viagère réversible, pour moitié au plus, sur la tête de son conjoint. Dans ce cas la rente viagère sera diminuée de façon qu'il ne résulte de la réversibilité aucune augmentation de charges pour le chef d'entreprise.

Le tribunal, en Chambre du Conseil, statuera sur ces demandes.

On a cru voir une contradiction à l'article 28 et l'on a prétendu que ce dernier article pourrait être opposé aux ouvriers qui demanderaient le versement du quart du capital. Il n'en est rien. Au cours des débats, le président de la Commission sénatoriale a remarqué fort justement que l'article 9 prononce sur le règlement de la dette à la victime, tandis que l'article 28 ne s'occupe que de la garantie de cette dette.

Que la victime ou ses ayants droit réclament le quart du capital nécessaire à l'établissement de la rente ou bien qu'ils demandent la constitution, à l'aide de ce capital, d'une rente viagère réversible, le tribunal peut le leur accorder, mais il n'y est pas tenu. Il décide en Chambre du Conseil.

ART. 10. — Le salaire servant de base à la fixation des rentes s'entend, pour l'ouvrier occupé dans l'entreprise pendant les douze mois écoulés avant l'accident, de la rémunération effective qui lui a été allouée pendant ce temps, soit en argent, soit en nature.

Pour les ouvriers occupés pendant moins de douze mois avant l'accident, il doit s'entendre de la rémunération effective qu'ils ont reçue depuis leur entrée dans l'entreprise, augmentée de la rémunération moyenne qu'ont reçue, pendant la période nécessaire pour compléter les douze mois, les ouvriers de la même catégorie.

Si le travail n'est pas continu, le salaire annuel est calculé tant d'après la rémunération reçue pendant la période d'activité que d'après le gain de l'ouvrier pendant le reste de l'année.

Cet article comporte quelques explications ; elles ont été, du reste, fournies au Sénat par le rapporteur de la loi.

Les deux premiers paragraphes sont très nets ; il faut se borner à dire que toute interruption motivée par la maladie, par un accident, qui suspend le travail, etc., n'entre pas en ligne de compte et que le salaire doit être fixé comme si le travail avait été régulier pendant l'année entière.

Pour le troisième paragraphe, voici le cas qu'il prévoit. Un ouvrier maçon vient travailler à Paris pendant les six mois de la belle saison et il gagne 6 francs par jour, puis il retourne en hiver dans la

Creuse, où, exerçant un autre métier, il ne gagne plus
que 3 francs. Là où l'accident surviendra, l'indemnité
sera calculée sur le salaire moyen de l'année, soit une
moitié à 3 francs par jour et l'autre moitié à 6 francs.

TITRE II

Déclaration des accidents et enquête.

Art. 11. — Tout accident ayant occasionné une incapacité de travail doit être déclaré, dans les quarante-huit
heures, par le chef d'entreprise ou ses préposés, au maire
de la commune qui en dresse procès-verbal.

Cette déclaration doit contenir les noms et adresse des
témoins de l'accident. Il y est joint un certificat de médecin indiquant l'état de la victime, les suites probables
de l'accident et l'époque à laquelle il sera possible d'en
connaître le résultat définitif. La même déclaration pourra
être faite par la victime ou ses représentants.

Récépissé de la déclaration et du certificat du médecin
est remis par le maire au déclarant.

Avis de l'accident est donné immédiatement par le
maire à l'inspecteur divisionnaire ou départemental du
travail ou à l'ingénieur ordinaire des mines chargé de la
surveillance de l'entreprise.

L'article 15 de la loi du 2 novembre 1892 et l'article 11
de la loi du 12 juin 1893 cessent d'être applicables dans
les cas visés par la présente loi.

La loi fait au patron une obligation de déclarer
l'accident; cependant l'ouvrier qui en est victime ou
ses ayants droit feront bien de vérifier si la déclaration est faite et quel en est le caractère. Leur intérêt

peut exiger que, sans retard, ils fassent procéder aux constatations requises et qu'ils adressent leur déclaration au Maire, avec le certificat médical et les noms des témoins ou même leurs dires, s'ils ont pu être recueillis. Dans ce cas, qu'ils n'oublient pas de se faire remettre récépissé de leur déclaration ; c'est leur droit.

ART. 12. — Lorsque, d'après le certificat médical, la blessure paraît devoir entraîner la mort ou une incapacité permanente absolue ou partielle de travail, le maire transmet immédiatement copie de la déclaration et le certificat médical au juge de paix du canton où l'accident s'est produit.

Dans les vingt-quatre heures de la réception de cet avis, le juge de paix procède à une enquête à l'effet de rechercher :

1° La cause, la nature et les circonstances de l'accident;

2° Les personnes victimes et le lieu où elles se trouvent;

3° La nature des lésions;

4° Les ayants droit pouvant, le cas échéant, prétendre à une indemnité ;

5° Le salaire quotidien et le salaire annuel des victimes.

ART. 13. — L'enquête a lieu contradictoirement, dans les formes prescrites par les articles 35, 36, 37, 38 et 39 du Code de procédure civile, en présence des parties intéressées ou celles-ci convoquées d'urgence par lettres recommandées.

Le juge de paix doit se transporter auprès de la victime de l'accident qui se trouve dans l'impossibilité d'assister a l'enquête. Lorsque le certificat médical ne lui paraîtra pas suffisant, le juge de paix pourra désigner un médecin pour examiner le blessé. Il peut aussi commettre un expert pour l'assister dans l'enquête.

Il n'y a pas lieu, toutefois, à nomination d'expert dans les entreprises administrativement surveillées, ni dans celle de l'Etat placées sous le contrôle d'un service distinct du service de gestion, ni dans les établissements nationaux où s'effectuent des travaux que la sécurité publique oblige à tenir secrets. Dans ces divers cas, les fonctionnaires chargés de la surveillance ou du contrôle de ces établissements ou entreprises et, en ce qui concerne les exploitations minières, les délégués à la sécurité des ouvriers mineurs transmettent au juge de paix, pour être joint au procès-verbal d'enquête, un exemplaire de leur rapport

Sauf les cas d'impossibilité matérielle, dûment constatée dans le procès-verbal, l'enquête doit être close dans le plus bref délai, et, au plus tard, dans les dix jours à partir de l'accident. Le juge de paix avertit, par lettre recommandée, les parties de la clôture de l'enquête et du dépôt de la minute au greffe, où elles pourront, pendant un délai de cinq jours, en prendre connaissance et s'en faire délivrer une expédition, affranchie du timbre et de l'enregistrement. A l'expiration de ce délai de cinq jours, le dossier de l'enquête est transmis au président du tribunal civil de l'arrondissement.

Art. 14. — Sont punis d'une amende de 1 à 16 francs les chefs d'industrie ou les préposés qui ont contrevenu aux dispositions de l'article 11. En cas de récidive dans l'année, l'amende peut être élevée de 16 à 300 francs.

L'article 463 du Code pénal est applicable aux contraventions prévues par le présent article.

En dépit de la rigueur des prescriptions des articles 12, 13 et 14, les ouvriers intéressés feront bien de veiller à leur stricte exécution.

Qu'ils ne négligent pas surtout, dès qu'ils auront. reçu la lettre recommandée que doit leur adresser le juge de paix, d'après le dernier paragraphe de l'article 13, d'aller au greffe se faire délivrer une copie de l'enquête avant que le dossier soit envoyé au tribunal civil. Ils auront ainsi la faculté d'étudier chez eux, seuls ou avec leur avocat, les résultats de l'enquête et de se mieux préparer à soutenir leur cause devant le tribunal.

TITRE III

Compétence. — Juridictions. — Procédure. Revision.

ART. 15. — Les contestations entre les victimes d'accidents et les chefs d'entreprise, relatives aux frais funéraires, aux frais de maladie ou aux indemnités temporaires, sont jugées en dernier ressort par. le juge de paix du canton où l'accident s'est produit, à quelque chiffre que la demande puisse s'élever.

ART. 16. — En ce qui concerne les autres indemnités prévues par la présente loi, le président du tribunal de l'arrondissement convoque, dans les cinq jours à partir de la transmission du dossier, la victime ou ses ayants. droit et le chef d'entreprise, qui peut se faire représenter.

S'il y a accord des parties intéressées, l'indemnité est définitivement fixée par l'ordonnance du président qui donne acte de cet accord.

Si l'accord n'a pas lieu, l'affaire est renvoyée devant le butrinal qui statue comme en matière sommaire, conformément au titre XXIV du livre II du Code de procédure civile.

Si la cause n'est pas en état, le tribunal surseoit à statuer et l'indemnité temporaire continuera à être servie jusqu'à la décision définitive.

Le tribunal pourra condamner le chef d'entreprise à payer une provision; sa décision sur ce point sera exécutoire nonobstant appel.

Ici il convient seulement de noter que si quelque difficulté de procédure est soulevée à l'encontre de la volonté du législateur qui a entendu qu'elle fût aussi sommaire que possible, l'ouvrier poursuivant peut demander une provision et, le plus souvent, il fera bien d'avoir recours à ce droit que lui ouvre le dernier paragraphe de l'article 16, et dont il peut user, a dit le rapporteur du Sénat, même quand, l'affaire n'étant pas en état, le tribunal surseoit à statuer.

Art. 17. — Les jugements rendus en vertu de la présente loi sont susceptibles d'appel selon les règles du droit commun. Toutefois, l'appel devra être interjeté dans les quinze jours de la date du jugement s'il est contradictoire, et, s'il est par défaut, dans la quinzaine à partir du jour où l'opposition ne sera plus recevable.

L'opposition ne sera plus recevable en cas de jugement par défaut contre partie, lorsque le jugement aura été signifié à personne, passé le délai de quinze jours à partir de cette signification. La Cour statuera d'urgence dans le mois de l'acte d'appel. Les parties pourront se pourvoir en cassation.

Tous ces délais sont très courts, et cela a été fait

dans l'intérêt de l'ouvrier; mais qu'il prenne bien garde de ne pas les laisser passer sans agir. ·

Art. 18. — L'action en indemnité prévue par la présente loi se prescrit par un an à dater du jour de l'accident.

Art. 19. — La demande en revision de l'indemnité, fondée sur une aggravation ou une atténuation de l'infirmité de la victime ou son décès par suite des conséquences de l'accident, est ouverte pendant trois ans à dater de l'accord intervenu entre les parties ou de la décision définitive.

Le titre de pension n'est remis à la victime qu'à l'expiration des trois ans.

Art. 20. — Aucune des indemnités déterminées par la présente loi ne peut être attribuée à la victime qui a intentionnellement provoqué l'accident. Le tribunal a le droit, s'il est prouvé que l'accident est dû à une faute inexcusable de l'ouvrier, de diminuer la pension fixée au titre Ier.

Lorsqu'il est prouvé que l'accident est dû à la faute inexcusable du patron ou de ceux qu'il s'est substitués dans la direction, l'indemnité pourra être majorée, mais sans que la rente viagère ou le total des rentes allouées puisse dépasser soit la réduction, soit le montant du salaire annuel.

Nous faisons ici la même recommandation que ci-dessus. Mais la victime d'accident ou ses ayants droit feront bien de se rappeler que, l'année expirée, si, pour une cause quelconque, ils n'ont pas encore saisi la justice, il leur reste le droit à l'action réservée à l'article 7, contre les auteurs de l'accident.

Les principes posés aux articles 1 et 3 de la loi sont ici absolument méconnus. Le patron peut essayer de prouver que l'ouvrier « a intentionnellement provoqué l'accident, et aucune indemnité ne sera due.

Il peut aussi s'efforcer de prouver « la faute inexcusable de l'ouvrier et, dans ce cas, quelle indemnité accordera le tribunal? Il est libre d'en fixer la quotité.

Il semble que ce soit toute la loi que mette en cause l'article 20 et dont il supprime indirectement les bons effets qu'en attendent les travailleurs ; mais, pour se prononcer, il faut attendre que les tribunaux aient décidé et qu'une sorte de jurisprudence se soit établie, même sur le premier point où il paraît pourtant bien difficile d'en établir une.

L'ouvrier ne devra pas négliger non plus la preuve qui lui est rendue licite par le dernier paragraphe de cet article et qui lui permet d'obtenir à titre d'indemnité, l'intégralité de son salaire.

Nous croyons superflu de dire qu'il ne doit tenter cette preuve que si les faits à alléguer sont de la dernière évidence, comme si des règlements sur la sécurité des ateliers ont été méconnus. Aucun ouvrier ne doit donner l'exemple d'une injuste revendication ; aucun ne le donnera.

Art. 21. — Les parties peuvent toujours, après détermination du chiffre de l'indemnité due à la victime de l'accident, décider que le service de la pension sera suspendu et remplacé, tant que l'accord subsistera, par tout autre mode de réparation.

Sauf dans le cas prévu à l'article 3, paragraphe *a*, la

pension ne pourra être remplacée par le paiement d'un capital que si elle n'est pas supérieure à 100 francs.

Art. 22. — Le bénéfice de l'assistance judiciaire est accordé de plein droit, sur le visa du procureur de la République, à la victime de l'accident ou à ses ayants droit devant le tribunal.

A cet effet le président du tribunal adresse au procureur de la République, dans les trois jours de la comparution des parties prévue par l'article 16, un extrait de son procès-verbal de non-conciliation ; il y joint les pièces de l'affaire.

Le procureur de la République procède comme il est prescrit à l'article 13 (§ 2 et suivants) de la loi du 22 janvier 1851.

Le bénéfice de l'assistance judiciaire s'étend de plein droit aux instances devant le juge de paix, à tous les actes d'exécution mobilière et immobilière, et à toute contestation incidente à l'exécution des décisions judiciaires.

L'assistance judiciaire est acquise de plein droit à l'ouvrier devant le tribunal civil ; le texte est formel ; mais en est-il de même devant la Cour d'appel et la Cour de cassation ? La question se posera et nous souhaitons qu'on la résolve dans un sens favorable ; mais il faut bien avouer que la loi est muette sur ce point et que le législateur n'a pas songé à étendre jusque-là le bénéfice de l'assistance judiciaire ou qu'il ne l'a pas voulu.

TITRE IV

Garanties.

ART. 23. — La créance de la victime de l'accident ou de ses ayants droit, relative aux frais médicaux, pharmaceutiques et funéraires, ainsi qu'aux indemnités allouées à la suite de l'incapacité temporaire, est garantie par le privilège de l'article 2101 du Code civil et y sera inscrite sous le numéro 6.

Le paiement des indemnités pour incapacité permanente de travail ou accidents suivis de mort est garanti conformément aux dispositions des articles suivants.

ART. 24. — A défaut, soit par les chefs d'entreprise débiteurs, soit par les Sociétés d'assurances à primes fixes ou mutuelles, ou les Syndicats de garantie liant solidairement tous leurs adhérents, de s'acquitter, au moment de leur exigibilité, des indemnités mises à leur charge à la suite d'accidents ayant entraîné la mort ou une incapacité permanente de travail, le paiement en sera assuré aux intéressés par les soins de la Caisse nationale des retraites pour la vieillesse, au moyen d'un fonds spécial de garantie constitué comme il va être dit, et dont la gestion sera confiée à ladite Caisse.

ART. 25. — Pour la constitution du fonds spécial de garantie, il sera ajouté au principal de la contribution des patentes des industriels visés par l'article 1er, quatre centimes additionnels. Il sera perçu sur les mines une taxe de cinq centimes par hectare concédé.

Ces taxes pourront, suivant les besoins, être majorées ou réduites par la loi des finances.

Art. 26. — La Caisse nationale des retraites exercera un recours contre les chefs d'entreprise débiteurs, pour le compte desquels des sommes auront été payées par elle, conformément aux prescriptions qui précèdent.

En cas d'assurance du chef d'entreprise, elle jouira, pour le remboursement de ses avances, du privilège de l'article 2102 du Code civil sur l'indemnité due par l'assureur, et n'aura plus de recours contre le chef d'entreprise.

Un règlement d'administration publique déterminera les conditions d'organisation et le fonctionnement du service conféré par les dispositions précédentes à la Caisse nationale des retraites et, notamment, les formes du recours à exercer contre les chefs d'entreprise débiteur, ou les Sociétés d'assurances et les Syndicats de garantie ainsi que les conditions dans lesquelles les victimes d'accidents ou leurs ayants droit seront admis à réclamer à la Caisse le paiement de leurs indemnités.

Les décisions judiciaires n'emporteront hypothèque que si elles sont rendues au profit de la Caisse des retraites exerçant son recours contre les chefs d'entreprise ou les Compagnies d'assurances.

Art. 27. — Les Compagnies d'assurances mutuelles ou à primes fixes contre les accidents, françaises ou étrangères, sont soumises à la surveillance et au contrôle de l'Etat et astreintes à constituer des réserves ou cautionnements dans les conditions déterminées par un règlement d'administration publique.

Le montant des réserves ou cautionnements sera affecté par privilège au paiement des pensions ou indemnités.

Les Syndicats de garantie seront soumis à la même surveillance et un règlement d'administration publique déterminera les conditions de leur création et de leur fonctionnement.

Les frais de toute nature résultant de la surveillance et du contrôle seront couverts au moyen de contributions proportionnelles au montant des réserves ou cautionne-

ments, et fixés annuellement, pour chaque compagnie
ou association, par arrêté du ministre du commerce.

Sur ces divers articles nous n'apercevons aucune
explication utile à fournir ; il est peut-être bon, toutefois, de signaler que, pendant que l'affaire se règle,
l'ouvrier est en face de son patron ; il n'a devant lui
aucune Compagnie d'assurances ; l'affaire réglée,
« l'ouvrier, a dit le rapporteur du Sénat, se trouvera
en réalité placé en face de la Caisse des retraites pour
la vieillesse. C'est elle qui paiera les arrérages de la
pension si le chef d'entreprise ou la Compagnie
manque à ses engagements. »

Art. 28. — Le versement du capital représentatif des
pensions allouées en vertu de la présente loi ne peut être
exigé des débiteurs.

Toutefois, les débiteurs qui désireront se libérer en une
fois pourront verser le capital représentatif de ces pensions à la Caisse nationale des retraites, qui établira à cet
effet, dans les six mois de la promulgation de la présente
loi, un tarif tenant compte de la mortalité des victimes
d'accidents et de leurs ayants droit.

Lorsqu'un chef d'entreprise cesse son industrie, soit par
décès, liquidation judiciaire ou faillite, soit par cession
d'établissement, le capital représentatif des pensions à sa
charge devient exigible de plein droit et sera versé à la
Caisse nationale des retraites. Ce capital sera déterminé
au jour de son exigibilité, d'après le tarif visé au para
graphe précédent.

Toutefois, le chef d'entreprise ou ses ayants droit
peuvent être exonérés du versement de ce capital, s'ils
fournissent des garanties qui seront à déterminer par un
règlement d'administration publique.

TITRE V

Dispositions générales.

ART. 29. — Les procès-verbaux, certificats, actes de noto·riété, significations, jugements et autres actes faits ou rendus en vertu et pour l'exécution de la présente loi, sont délivrés gratuitement, visés pour timbre et enregistrés gratis lorsqu'il y a lieu à la formalité de l'enregistrement.

Dans les six mois de la promulgation de la présente loi, un décret déterminera les émoluments des greffiers de justice de paix pour leur assistance et la rédaction des actes de notoriété, procès-verbaux, certificats, significations, jugements, envois de lettres recommandées, extraits, dépôts de la minute d'enquête au greffe, et pour tous les actes nécessités par l'application de la présente loi, ainsi que les frais de transport auprès des victimes et d'enquête sur place.

ART. 30. — Toute convention contraire à la présente loi est nulle de plein droit.

ART. 31. — Les chefs d'entreprise sont tenus, sous peine d'une amende de 1 à 15 francs, de faire afficher dans cha·que atelier la présente loi et les règlements d'administration relatifs à son exécution.

En cas de récidive dans la même année, l'amende sera de 16 à 100 francs.

Les infractions aux dispositions des articles 11 et 31 pourront être constatées par les inspecteurs du travail.

Nous engageons les travailleurs à se faire eux-mêmes les vigilants gardiens du respect de cet article. Il faut que cette loi soit connue de tous et elle le sera promptement si on la trouve sur les murs de chaque atelier.

Art. 32. — Il n'est point dérogé aux lois, ordonnances et règlements concernant les pensions des ouvriers, apprentis et journaliers appartenant aux ateliers de la marine et celle des ouvriers immatriculés des manufactures d'armes dépendant du ministère de la guerre.

Art. 33. — La présente loi ne sera applicable que trois mois après la publication officielle des décrets d'administration publique qui doivent en régler l'exécution.

Art. 34. — Un règlement d'administration publique déterminera les conditions dans lesquelles la présente loi pourra être appliquée à l'Algérie et aux colonies.

RÈGLEMENT

D'ADMINISTRATION PUBLIQUE

Après ce commentaire rapide de cette loi de protection ouvrière, il ne nous reste plus qu'à y joindre le titre premier du Règlement d'administration publique qui indique aux victimes d'accidents ou à leurs ayants droit la marche à suivre pour obtenir le paiement de l'indemnité qui leur aurait été accordée, au cas où le paiement ne serait pas fait avec régularité.

Le texte de ce Règlement est assez clair pour qu'il soit inutile d'y joindre la moindre explication.

ARTICLE PREMIER. — Tout bénéficiaire d'une indemnité liquidée en vertu de l'article 16 de la loi du 9 avril 1898, à la suite d'un accident ayant entraîné la mort ou une incapacité permanente de travail, qui n'aura pu obtenir le paiement, lors de leur exigibilité, des sommes qui lui sont dues, doit en faire la déclaration au maire de la commune de sa résidence.

ART. 2. — La déclaration est faite soit par le bénéficiaire de l'indemnité ou son représentant légal, soit par un mandataire; elle est exempte de tous frais.

ART. 3. — La déclaration doit indiquer :

1° Les nom, prénoms, âge, nationalité, état civil, profession, domicile du bénéficiaire de l'indemnité;

2º Les nom et domicile du chef d'entreprise débiteur ou la désignation et l'indication du siège de la Société d'assurances ou du Syndicat de garantie qui aurait dû acquitter la dette à son lieu et place ;

3º La nature de l'indemnité et le montant de la créance réclamée ;

4º L'ordonnance ou le jugement en vertu duquel agit le bénificiaire ;

5º Le cas échéant, les nom, prénoms, profession et domicile du représentant légal du bénéficiaire ou du mandataire.

Art. 4. — La déclaration, rédigée par les soins du maire, est signée par le déclarant.

Le maire y joint toutes les pièces qui lui sont remises par le réclamant à l'effet d'établir l'origine de la créance, ses modifications ultérieures et le refus de paiement opposé par le débiteur : Chef d'entreprise, Société d'assurance et Syndicat de garantie.

Art. 5. — Récépissé de la déclaration et des pièces qui l'accompagnent est remis par le maire au déclarant.

La déclaration et les pièces produites à l'appui sont transmises par le maire au directeur général de la Caisse des Dépôts et Consignations dans les vingt-quatre heures.

Art. 6. — Le directeur général de la Caisse des Dépôts et Consignations adresse, dans les quarante-huit heures à partir de sa réception, le dossier au juge de paix du domicile du débiteur, en l'invitant à convoquer celui-ci d'urgence par lettre recommandée.

Art. 7. — Le débiteur doit comparaître au jour fixé par le juge de paix, soit en personne, soit par mandataire.

Il lui est donné connaissance de la réclamation formulée contre lui.

Procès-verbal est dressé par le juge de paix des déclarations faites par le comparant, qui appose sa signature sur le procès-verbal.

Art. 8. — Le comparant qui ne conteste ni la réalité ni le montant de la créance est invité par le juge de paix soit à s'acquitter par devant lui, soit à expédier au réclamant la somme due au moyen d'un mandat-carte et à communiquer au greffe le récépissé de cet envoi.

Cette communication doit être effectuée au plus tard le deuxième jour qui suit la comparution devant le juge de paix.

Le juge de paix statue sur le paiement des frais de convocation.

Il constate, s'il y a lieu, dans son procès-verbal, la libération du débiteur.

Art. 9. — Dans le cas où le comparant, tout en reconnaissant la réalité et le montant de sa dette, déclare ne pas être en état de s'acquitter immédiatement, le juge de paix est autorisé, si les motifs invoqués paraissent légitimes, à lui accorder pour sa libération un délai qui ne peut excéder un mois.

Dans ce cas, en vue du paiement immédiat prévu à l'article 13 ci-dessous, le procès-verbal dressé par le juge de paix constate la reconnaissance de la dette et l'engagement pris par le comparant de se libérer dans le délai qui lui a été accordé, au moyen, soit d'un versement entre les mains du caissier de la Caisse des Dépôts et Consignations à Paris ou des préposés de la Caisse dans les départements, soit de l'expédition d'un mandat-carte payable au caissier général à Paris.

Art. 10. — Si le comparant déclare ne pas être débiteur du réclamant ou n'être que partiellement son débiteur, le juge de paix constate dans son procès-verbal le refus total ou partiel de paiement et les motifs qui en ont été donnés.

Il est procédé, pour l'acquittement de la somme non

contestée, suivant les dispositions des articles 8 ou 9, tous droits restant réservés pour le surplus.

Art. 11. — Au cas où le débiteur convoqué ne comparaît pas au jour fixé, le juge de paix procède dans la huitaine à une enquête à l'effet de rechercher :

1° Si le débiteur convoqué n'a pas changé de domicile ;

2° S'il a laissé son industrie, soit volontairement, soit par cession d'établissement ; soit par suite de faillite ou de liquidation judiciaire et, dans ce cas, quel est le syndic ou le liquidateur ; soit par suite de décès et, dans l'affirmative, par qui sa succession est représentée.

Le procès-verbal dressé par le juge du paix constate la comparution et les résultats de l'enquête.

Art. 12. — Dans les deux jours qui suivent soit la libération immédiate du débiteur, soit sa comparution devant le juge de paix au cas où il a refusé le paiement ou obtenu un délai, soit la clôture de l'enquête dont il est question en l'article précédent, le juge de paix adresse au directeur général de la Caisse des Dépôts et Consignations le dossier et y joint le procès-verbal par lui dressé.

Art. 13. — Dès la réception du dossier, s'il résulte du procès-verbal dressé par le juge de paix que le débiteur n'a pas contesté sa dette, mais ne s'en est pas libéré, ou si les motifs invoqués pour refuser le paiement ne paraissent pas légitimes, le directeur général de la Caisse des Dépôts et Consignations remet au réclamant ou lui adresse, par mandat-carte, la somme à laquelle il a droit. Il fait parvenir également au greffier de la justice de paix le montant de ses déboursés et émoluments.

Il est procédé de même, si le débiteur ne s'est pas présenté devant le juge de paix et si la réclamation du bénéficiaire de l'indemnité paraît justifiée.

Art. 14. — Dans le cas où les motifs invoqués par le comparant pour refuser le paiement paraissent fondés ou en cas de non-comparution, si la réclamation formulée par le bénéficiaire ne semble pas suffisamment justifiée, le directeur général de la Caisse des Dépôts et Consignations renvoie, par l'intermédiaire du maire, au réclamant le dossier par lui produit, en lui laissant le soin d'agir contre la personne dont il se prétend le créancier, conformément aux règles du droit commun.

Le montant des déboursés et émoluments du greffier est, en ce cas, acquitté par les soins du directeur général et imputé sur les fonds de garantie.

PARIS

IMPRIMERIE NOIZETTE ET Cⁱ

8, rue Campagne-Première, 8

Socialisme et Propriété

Discours prononcé à la Chambre des Députés le 6 Novembre 1897

Par Gabriel DEVILLE, Député de Paris

Prix . . . . O fr. 20

Socialisme et Paysans

Discours prononcé à la Chambre des Députés les 19, 26 Juin et 3 Juillet 1897

Par Jean JAURÈS. Député de Carmaux.

Prix . . . . O fr. 30

La Société Collectiviste

Par Henri BRISSAC, préface de Jean JAURÈS

Prix . . . . O fr. 50

Les Preuves

Par Jean JAURÈS

Prix . . . . 1 fr. 50

Cent Chansons nouvelles

Par J.-B. CLÉMENT

Prix . . . . 2 fr.

Les Hommes de la Révolution de 1871

Par PROLÈS

DELESCLUZE — ROSSEL — RIGAULT — PLOURENS

Prix des 4 volumes. . . . . 1 fr. 50

Les Grippelong

Par Hippolyte LENGOU

Prix . . . . 2 fr. 75

5 Centimes   # La Petite République   **5** Centimes

SOCIALISTE

TARIF D'ABONNEMENTS :

PARIS et DÉPARTEMENTS			ÉTRANGER (Union postale)		
Un an	18 fr.	»	Un an	32 fr.	
Six mois	9	»	Six mois	16	»
Trois mois	4	50	Trois mois	9	»
Uu mois	1	50	Un mois	3	»

Administration : 111, rue Réaumur — Rédaction : 4, rue Paul-Lelong

TÉLÉPHONE : 101.92 — 103.71

Rédacteur en Chef :   Directeur-Administrateur :
GÉRAULT-RICHARD | **MAURICE DEJEAN**

Tous les jours articles de **JEAN JAURÈS**

Principaux Rédacteurs :

E. Baudin. — J.-L. Breton.
L. Calvinhac. — E. Chauvière.
E. Fournière. — A. Millerand.
Gustave Rouanet. — Marcel Sembat.
René Viviani. — Edouard Vaillant,
    députés.
Dr Navarre, ancien Président du
    Conseil municipal de Paris.
Paul Brousse. — Landrin.
André Lefèvre. — Adrien Veber,
    Conseillers municipaux de Paris.
J.-B. Clément. — Amilcare Cipriani.
A. Lavy. — Dr Delon.
Henri Turot. — Maurice Violette.
Paul Zahori. -- Marsolleau.
Alfred Bonnet. — Docteur Clauzel.
Jean Longuet. — Jean Mélia, etc.

Collaborateurs étrangers :

Allemagne : Bebel, Liebknecht.
Angleterre : Hyndmann, Tom Mann.
Autriche-Hongrie : Docteur Adler.
Espagne : Pablo Iglesias.
Etats-Unis : Sanial.
Italie : Amilcare Cipriani,
De Félice, député. — Etc., etc.

Secrétaire de la rédaction : Jules Lejeune

Politique étrangère : Louis Dubreuilh
    Courrier parlementaire :
        Gabriel Bertrand.
Bataille artistique et littéraire :
    Camille de Sainte-Croix.
Critique dramatique : Henry Bauër.
    Critique d'art : H. Pellier.
Informations politiques : E. Claris.
    Mouvement social : P. Forest,
Gabriel Farjat. — Jean Mazelet.
    Tribunaux : R. Gatineau.
Grande information : Hipp¹ᵉ Lencou,
G. Cagniard, Sorgue, Jacques Dhur,
Bloc, Charles Vié, Pierre des Ruos.
Affaires municipales : M. Charnay.
Chanson du jour : J.-B. Clément,
    Le Patronnet.
Notes sur l'Evolution économique :
    Latinus.
Affaires coloniales : Maxence Roldes.
La Coopération : Hamelin, Bellier,
    X. Guillemin.
Bulletin de l'Enseignement :
    Charles Prolès.
Revue des Sciences : Dr Bertrand,
    J.-L. Breton.

La **Petite République** est le seul journal en relations quotidiennes avec les organisations socialistes du monde entier ; tous les jours elle publie des dépêches et des lettres qui tiennent le lecteur au courant du mouvement socialiste international et de l'évolution économique.

La **Petite République**, qui est, à tous les points de vue, le journal le mieux et le plus rapidement informé, publie chaque jour, à côté des articles politiques, des articles de grand reportage, des chroniques, des contes, des dépêches des départements et de l'étranger, des informations abondantes et documentées ; elle donne enfin chaque jour **deux romans** de nos auteurs les plus populaires.

IMPRIMERIE NOIZETTE ET Cⁱᵉ, 8, RUE CAMPAGNE-1ʳᵉ, PARIS.

www.ingramcontent.com/pod-product-compliance
Lightning Source LLC
Chambersburg PA
CBHW060457210326

41520CB00015B/3986